LE CHAT

BRAVO, LES FINISSANTS!

Laisse-toi flatter dans le sens du poil!

Par les chats
tel que raconté à Howie Dewin
Texte français de Claudine Azoulay

Éditions SCHOLASTIC

Titre original : The cat You go, Graduate!
Texte français de Claudine Azoulay.
ISBN : 978-0-545-98109-5

Copyright © Artlist INTERNATIONAL, 2008.
Copyright © Éditions Scholastic, 2009, pour le texte français.
Tous droits réservés.

Il est interdit de reproduire, d'enregistrer ou de diffuser, en tout ou en partie, le présent ouvrage par quelque procédé que ce soit, électronique, mécanique, photographique, sonore, magnétique ou autre, sans avoir obtenu au préalable l'autorisation écrite de l'éditeur. Pour toute information concernant les droits, s'adresser à Scholastic Inc., 557 Broadway, New York, NY 10012, É.-U.

Édition publiée par les Éditions Scholastic,
604, rue King Ouest, Toronto (Ontario) M5V 1E1

5 4 3 2 1   Imprimé au Canada   09 10 11 12 13

 Félici-*chatons!*

Tu as obtenu ton diplôme.

Tu as pris la route, tu t'es a-cha-rrrrrr-né et tu as atteint ton but.

Tu es tellement incroyable que tu pourrais fort bien être un *chat!*

(À vrai dire, tu ressembles énormément à un chat… fourrure, queue et moustaches séduisantes en moins. Nous espérons que tu sais à quel point cela te rend unique!)

Nous, les chats, sommes habitués à être admirés et adorés. Nous savons ce qu'est le plaisir d'être content de soi et désirons te faire connaître cette sensation.

Lis donc les éloges, conseils et paroles pleines de sagesse proposés dans ce livre, en sachant qu'ils ne s'adressent qu'à toi, qui as obtenu ton *diplôme d'études!*

Tu as réussi! Ton dernier examen est chose du passé! L'année scolaire est terminée et tu peux enfin te reposer.

Mais avant de dire adieu à ton école, tu dois être sage : rapporte ton livre à la biblio et fais un peu de ménage.

Le ménage? C'est quoi ça?

Excuse-le. Il est un peu non-**chat**-lant! Dresse la liste des choses que tu dois faire à la fin de l'année scolaire :

Choses à faire en fin d'année

La remise des diplômes te fera briller comme une étoile.
Tu ne trouveras pas d'événement plus au poil!

On fera une belle fête en ton honneur
avec plein de gourmandises, quel bonheur!

Il faut inviter tous tes amis et toute ta parenté aussi.

Ils auront des anecdotes à raconter sur toi : Je me souviens quand tu étais petit, ma foi...

Amis de tous poils ou lointains cousins... ils s'exclameront tous : « *Cha*-peau! Félici-*chatons!* »

Pour ma part, j'inviterais les plus cha-rrrrrrmeurs et les plus chat-oyants!

Liste des invités à ma remise de diplôme

Et maintenant, parlons de ce que tu vas porter pour monter sur la scène ou poser dans l'escalier.

Quand nous, les chats, voulons briller de tous nos atouts, nous léchons notre fourrure comme des fous, miaou!

Tes parents risqueraient toutefois de ne pas apprécier. Chemise repassée ou blouse propre sont plutôt conseillées.

- Après tant de préparatifs, tu mérites de te reposer un brin, mais les gens attendent le clou de la cérémonie, rien de moins.
- Avant de lâcher ton fou et de faire la fête, tu dois préparer un discours avec toute ta tête.

Trouve les mots manquants et ton discours sera chat-rrrrrrmant.

Bon _____. Je suis si _____ d'être ici
     (moment de la journée)   (sentiment)
avec mes _____ ! En vous _____,
         (nom)   (verbe)
je me souviens de nombreux moments _____.
                                    (adjectif)
Nous avons _____ fort, mais nous nous sommes
           (verbe)
aussi beaucoup _____. Il est temps pour
               (verbe)
nous de _____ le monde. C'est avec
        (verbe)
beaucoup de _____ que nous devrons trouver
            (sentiment)
notre chemin dans cette nouvelle _____. En
                                  (nom)
regardant la liste des _____, je suis _____.
                       (nom)   (sentiment)
Vous allez beaucoup me _____ !
                       (verbe)

Tu as prononcé ton discours et tu en es bien aise.
Pourtant, tu dois encore rester assis sur ta chaise.

Même si c'est toi la vedette de la cérémonie, il semble que tout n'a pas encore été dit!

Malheureusement, certains discours sont d'un tel ennui, qu'il vaut mieux prévoir des jeux comme pour les jours de pluie.

Activités à faire durant les moments ennuyeux de la remise des diplômes

Ça, c'est amusant! Relie les points et tu découvriras une autre vraie vedette comme toi.

Voici un indice : Il a quatre pattes, deux oreilles pointues, des moustaches et une queue. Difficile, hein?

Mots croisés de la réussite

Horizontalement

3. Mois durant lequel a lieu la remise des diplômes.
5. La _____ et l'écriture sont enseignées dans les cours de français.
7. Tests d'évaluation qui ont lieu à la fin de l'année.
8. Vêtements portés par les finissants.
   (Indice : Ça rime avec *éloges*.)
9. On te félicite pour ta _____.
   (Indice : C'est le contraire d'*échec*.)
10. Élèves qui terminent leurs études.
12. Synonyme de *Félicitations!*
13. Événement consistant à remettre une chose à quelqu'un.
   (Indice : C'est aussi un cabanon dans le jardin.)

Verticalement

1. Documents remis aux finissants.
   (Indice : Ça rime avec *arômes*.)
2. Synonyme d'*enseignants*.
4. Relevé de notes.
6. À l'école, endroit où l'élève range son manteau et ses effets personnels.
11. Recueil de photos et de souvenirs.
   (Indice : Ça rime avec *calcium*.)
14. Immeubles bâtis pour recevoir les élèves.
15. Tu vas à l'école pour _____.
   (Indice : Ça rime avec *Didier*.)

(Solutions à la page 32.)

Mais assez parlé de toi. Parlons plutôt de nous, les chats. Remets les lettres en ordre et tu trouveras des noms de races... pas du *chat-rabia!*

snerpa _____

eirnésib _____

langeb _____

irécos _____

namie onco _____

(Solutions à la page 32.)

Un peu d'humour!

Pourquoi le chat est-il en retenue?
Parce qu'il a *chat*-huté en classe.

Quelle est la matière favorite des chats?
Les *matou*-matiques!

Chat n° 1 : Quel moment as-tu préféré lors de la remise des diplômes?
Chat n° 2 : Quand on a pris des photos.
Chat n° 1 : Ah oui! Pourquoi?
Chat n° 2 : Parce que le photographe a dit : « *Souri*-ez! »

Dans quelle matière le chat a-t-il les plus mauvaises notes?
En ortho-*griffe*.

L'école en mots

- Trouve les mots cachés dans la grille ci-contre et encercle-les. Ils peuvent être écrits de gauche à droite, de droite à gauche, de haut en bas ou de bas en haut.

A	C	T	I	V	I	T	E	S	A	B	H
X	A	D	I	R	E	C	T	E	U	R	W
J	F	E	L	E	V	E	G	K	N	O	E
P	E	U	N	E	T	E	R	H	M	I	R
L	T	Y	A	R	T	S	B	N	V	D	U
Z	E	M	F	R	A	N	C	A	I	S	T
O	R	D	L	I	V	R	E	S	F	H	C
B	I	O	Y	R	L	T	S	G	P	T	E
E	A	L	I	Q	V	M	U	J	F	R	L

activités   directeur   lecture
arts   élève   livres
cafétéria   français   retenue

(Solutions à la page 32.)

Et après toutes ces émotions,
festoyons, chantons et dansons…

Sois fier de ton succès
et profites-en à souhait!

Comment doit-on accepter les compliments? Comme ça...

1. Merci. Je me trouve excellent, moi aussi.
2. Je suis bien d'accord avec vous.
3. Je suis enchanté qu'on soit du même avis.

Maintenant, c'est à ton tour. Vous, les humains, devez être un peu plus polis… ou un peu moins prétentieux.

1. _____
2. _____
3. _____

Même nous, les chats, qui méritons ce qu'il y a de mieux,
devons être très reconnaissants sans faire les capricieux.

Alors envoie de jolies cartes de remerciements
à tous ces invités qui se sont faits si obligeants.

Chère tante Mimine,
L'herbe à chat était la meilleure
que j'aie jamais mangée!
Je me suis cogné contre les
meubles pendant des jours
et je n'arrête pas de
ronronner.

Chère grand-maman Tigri,
Merci pour la balle en peluche. Maintenant que j'ai obtenu mon diplôme, « la balle est dans mon camp ».

Cher cousin Patoche,
C'est toi le plus génial. Je n'aurais jamais pensé offrir ce genre de souris. C'est le plus beau cadeau que j'aie jamais reçu.
Merci mille fois!

L'avenir t'appartient désormais, tout comme ce livre.

Que se passe-t-il ensuite? Tourne la page... et regarde!

Maintenant que j'ai obtenu mon diplôme, je veux...

1. _____

2. _____

3. _____

4. _____

5. _____

Que de chemin parcouru!

_____ revient en triomphe dans sa ville natale.
(ton nom)

En peu de temps, _____ a prouvé qu'il/elle était
                  (ton nom)
une personne _____ . Il y a seulement _____ ans,
              (adjectif)   (nombre)
_____ a obtenu son diplôme de l'école primaire
(ton nom)
_____ et a déclaré : « Quand je serai grand(e),
(nom rigolo)
je veux être _____ . » On a du mal à croire
              (métier)
qu'il/elle a décidé d'être plutôt _____ .
                                   (métier)

Les professeurs de _____ auraient dit à son sujet :
                    (ton nom)
« _____ a toujours été un/une élève _____ . »
   (ton nom)   (adjectif)
Maintenant que _____ a impressionné les gens
                (ton nom)
du monde entier avec cette réalisation _____ , on
                                        (adjectif)
s'attend à ce qu'il/elle _____ . « Ce sera _____ ,
                          (verbe)   (adjectif)
aurait dit _____ . C'est ce que j'ai toujours voulu
            (ton nom)
faire. Maintenant je peux dire : « Regardez-moi, tout
le monde. Je suis _____ ! »
                   (nom)

Il ne reste qu'une chose à dire :
Profite bien de tes vacances!

Tu devrais peut-être inclure quelques-unes de nos activités préférées dans tes projets pour l'été.

1. Dormir
2. Se reposer
3. Faire la sieste
4. S'étirer
5. Paresser

Mais surtout n'hésite pas à planifier quelques activités à ton goût...

Durant mes vacances, je prévois...

1. _____

2. _____

3. _____

4. _____

5. _____

BONNE CHANCE ET FÉLICI-*CHAT ONS*!

Les chats

SOLUTIONS DES JEUX

Page 16 :

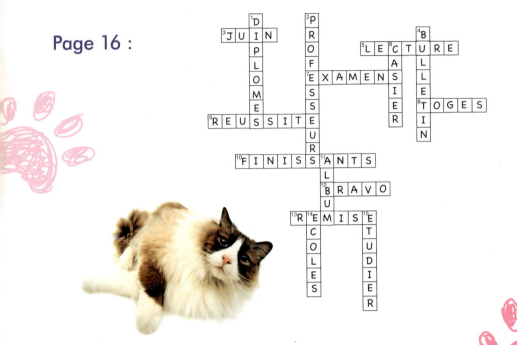

Page 18 :

Persan, Sibérien, Bengal, Croisé, Maine Coon

Page 21 :

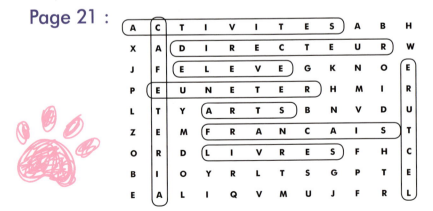